Kloster Paulinzella

Für Kathrin

Kloster Paulinzella

Fotografien
Jürgen M. Pietsch

Essay
Uwe Grüning

Kapitel 1

Nicht allein auf fruchtbaren Landstrichen, an Furten oder sich kreuzenden Handelswegen gründen sich im Hochmittelalter Kirchspiele und Städte. Immer wieder treten von Tälern durchschnittene Waldgründe aus dem unzugänglichen, arm besiedelten Lande hervor, nehmen, wo sie sich weiten, eine Viehweide auf, einen Acker oder vielleicht einen Weiler. Dörfer wachsen aus dem Dunkel empor, kümmern hin oder gedeihen und werden, wenn die Zeit ihnen wohl will, reich und bedeutend. Glückliche Förderung erfahren sie, wenn in ihrem Umkreis ein Kloster entsteht, ein Erstling der Zivilisation, aus dem die Quellen eines sich kultivierenden Lebens entspringen; Gärten, Obsthänge, Fischteiche, Gewerke, Handschriften, Responsorien, Choräle.

Von ihren Stiftern mit Ländereien, welche ihren Unterhalt sichern, ausgestattet, werden sie reich und reicher durch Vermächtnis, Mitgabe, Schenkung, erstrecken ihre Besitzungen wie Flecken über die Gemarken und geraten in Streitfälle, Mißgeschicke, Verheerungen.

Denn was die Zeit hervorbringt, weiß sie auch zu erschöpfen. Von bloßem Reichtum, doch keiner lebendigen Kraft gestützte Mauern zerfallen. Ackerböden ermüden, Macht trifft auf Gegenmacht, Vorsätze und Nutzabsichten veralten, Dörfer werden zur Wüstung. Wirkkreise, an Herkunft und Herrschaft gebunden, verlieren mit einem neuen Geschlecht ihre Mitte. Zuerwerbungen rauben dem Hergebrachten Rang und Vertrauen.

Nicht immer sind es heilige Stätten, Orte eines Wunders, eines jähen Gelöbnisses, einer Erscheinung oder Erleuchtung, an denen der Grundstein für ein Kloster gelegt wird. Manchmal entscheidet bloßes Wohlgefallen oder ein kluger Sinn, der meint, die übereigneten Ländereien an seinem Besitz entbehren zu können.

Oft aber wissen wir nicht, ob die Zeitgenossen mit dieser Stelle die Erinnerung an ein prägendes Ereignis oder eine Heilvorstellung verbanden, weil nahezu alle Nachrichten aus den Gründerjahren verschollen sind.

Auch Namen dämmern aus der Verborgenheit der Geschichte hervor. Sie blühen auf, doch manchmal welken sie nicht. Ihrer wird ferner gedacht, wenn sie etwas zurücklassen, was sie selbst überdauert: eine Sage, eine Ordnung, ein Bauwerk. Zuweilen gewinnt erst nach dem Tod seines Trägers ein Name die Kraft, die ursprüngliche Benennung zu verdrängen. So wird der in der Mitte Thüringens gelegene Ort Marienzella fortan nach der Gründerin des dortigen Klosters Paulinzella genannt.

Was von Paulina überliefert ist, strömt aus einem historischen Kern ins Halblicht der Verklärung und der Legenden. Denn die Orts- und Lebenschroniken sind arm. Wonach wir forschen, steht eher beiläufig verzeichnet und in einem fernliegenden Zusammenhang, als solle es unsere natürliche Unwissenheit über das Längstvergangene mit der Illusion des Wissens umgaukeln. Verläßlich ist jedoch überliefert, daß Paulina einem sächsischen Adelsgeschlecht entstammte.

Ihr Vater, ursprünglich Gefolgsmann Ekkehards von Meißen, wurde, Rang und Einfluß gewinnend, Truchseß Kaiser Heinrich IV.; Bischof Werner von Merseburg hingegen, ein Gegner der kaiserlichen und ein Haupt der päpstlichen Partei, sei ihr Oheim gewesen. Der Kampf zwischen weltlicher und geistlicher Macht erreicht einen ersten Zenit, aber er wird nicht entschieden.

So werden die beiden schwer versöhnlichen Grundhaltungen des Hochmittelalters durch zwei nahe Verwandte Paulinas verkörpert: Doch trotz kaiserlichem Welt- und herrscherlichem Papstsinn deutet diese Überlieferung auf ein durch Paulinas

Gestalt versinnbildlichtes Drittes: Gottessinn.

Dieser bringt den einer verweltlichten Kirche entgegenstehenden Reformgeist des französischen Cluny und des deutschen Hirsau hervor.

Ihr Entschluß zu einem klösterlichen, der Welt entsagenden Leben fällt nicht in der Jugend Paulinas. Standesgemäß wächst sie auf in allem Prunk, den eine dürftige Zeit zu gewähren weiß. Sie willigt, sei es aus Familienrücksichten, sei es aus Neigung oder Überzeugung, in eine Ehe und nach dem Tod ihres ersten Gatten in eine neue Verbindung.

Zwei ihrer Töchter wählen den klösterlichen, die dritte einen weltlichen Lebensweg. Von Paulina heißt es, sie habe bereits als verheiratete Frau ein asketisches Leben geführt: Verzicht im Überfluß, Enthaltsamkeit im Verborgenen, Weltabkehr inmitten der Welt.

Dieser entsagende Zug wird vielfach aus jener Zeit überliefert. Mönche aus dem Reformkloster Hirsau zogen umher und bewegten durch Bußpredigten Laien zur Umkehr. Vielerorts bildeten sich außerhalb der Klostermauern asketische Gemeinschaften unter Leitung der Mönche. Doch mag es sein, daß Paulinas Biograf Sigebeto ihr Leben erst nachträglich durch diese Überlieferung geschmückt hat. Denn dem Mönch aus Paulinzella müßte an ihrer Heiligsprechung gelegen sein, hätte sie doch dem von ihr gegründeten Kloster ein besonderes Ansehen verliehen und es vielleicht zu einer Wallfahrtsstätte werden lassen.

Denn unser Geist begnügt sich ungern damit, einen bloßen Ort zu verehren: er verlangt nach einem Namen. Auch mit dem eindruckvollsten, durch sich selbst zeugenden Bauwerk möchte er einen Lebenszug, ein unverwechselbares Schicksal verbinden. So ausgezeichnete Denkmale setzen der Minderungskraft sich wandelnder Zeiten einen weit härteren Widerstand entgegen als legendenlose Gebäude.

Paulinas Entschluß, ein Benediktinerkloster zu gründen und sich selbst der Ordensregel zu unterwerfen, reift spät. Sie faßt ihn, sofern ein Fernstehender darüber urteilen kann, nach einem erfüllten weltlichen Leben.

Ihr Kloster beherbergt von Anfang an Mönche und Nonnen, wenn auch in getrennten Konventen: Doppelklöster, dem frühen Christentum vertraut, jedoch ein halbes Jahrtausend verfehmt, blühten im 12. Jahrhundert erneut auf und genossen bei den Hirsauern hohes Ansehen. Gewiß gehörte Paulina nicht zu jenen Adligen, die außer durch ihren Besitz wenig am Gedeihen eines Klosters zu wirken wußten. Nicht allein die Hinwendung zur Hirsauer Reform entspricht ihrem Einfluß. Eigensinn und Beharrungsgeist überwindend, gewinnt sie Duldung und Anerkennung.

Ihr Tatwille zähmt Widersetzliches, fördert Zurüstung und Fortschritt am Werk. Zwischen 1102 und 1105 wird eine aus Stein gefügte, Maria Magdalena geweihte Kapelle errichtet, entstehen Hütten für Paulina, ihre Nonnen und die ersten hinzureisenden Mönche. Möglicherweise trägt auch der ursprüngliche Entwurf der Stiftskirche ihre Handschrift. Dem Vorbild der Hirsauer Peter-Paul-Kirche folgend, weist er zugleich auf die Herkunft der Gründerin. Im Jahre 1106 bestätigt der Papst die Gründung; und im Jahr darauf gelingt es ihr, ehe sie stirbt, Gerung aus Hirsau als Abt und Bauleiter zu gewinnen. Denn für die Vollendung so großer Vorhaben reichte ein Menschenleben nicht aus. Kaum, daß der Grundstein gelegt, die ersten Mauern gefügt waren, mußte ein anderer den Fortgang des Werkes überwachen, das in seinem Werden manchen Wandel erfuhr.

Dennoch faßte jeder Gründer einen Plan weit über das eigene Leben hinaus, wohl wissend, daß eine nachfolgende Generation ihn neu formen, jedoch seiner Hauptidee folgen würde.

Der Ariadnefaden geistlichen Wollens führt durch die Labyrinthe des Zeitgefallens und des Epochenbewußtseins. 1124, bei ihrer Weihe, war die Kirche bis zum Westportal vollendet. Die folgenden Baujahre fügen die Türme und die Vorkirche hinzu: für vier Jahrhunderte bis zum Jahre 1542, da die letzten Mönche, von der Reformation vertrieben, die unwirtlich gewordene Stätte verlassen.

Das ist die karge Überlieferung des frühen Paulinzella, wie sie durch Schrift und Nachricht auf uns gekommen ist. Sie umreißt seinen Werdegang und verschlüsselt ihn durch Quellenmangel und Deutung. Doch schätzt der späte Nachfahre diese Verschlüsselung als Teil des Geheimnisses, das zur Gänze durch keine Forschung gelichtet, aber auch durch keine Täuschung verschleiert wird, weil es dem Wesen der Kunst und jedes Lebens entspricht.

Obwohl dem Kloster von Anfang an eine Schule zugehörte, bereits im frühen 12. Jahrhundert eine Bibliothek entstand, werden, selbst in seiner Blüte, weder Schriften noch Lehre Paulinzellas im ferneren Umkreis gerühmt. Es genoß Ansehen und Ruf, doch blieben sie nicht stark genug, sich einer gewandelten Zeit zu widersetzen.

Die Reformation tilgt das Heilige nicht. Aber sich auf das Evangelium, nicht auf die Überlieferung, berufend, gibt sie Brauch und Ritus sowie die heiligen Stätten preis. Sie nimmt ihnen die Weihe, weil sie in sich die Kraft spürt, jederzeit Heil zu gewinnen – durch ein undingliches, unbildliches, wenn auch nicht unsinniges heiliges Wort.

Wenn das Evangelium nicht in einem Raum seiner Gnade, sondern an jedem beliebigen Ort mit gleicher Würde gepredigt werden kann, mindern sich Sorge und Sorgfalt für das, was geweiht und durch seine Geschichte geheiligt wurde. Stiftskirchen werden zu Steinbrüchen, Klöster zerfallen. Unbedeutende Fürsten errichten Residenzen aus dem alten behauenen, aus Klostermauern gebrochenen Gestein. Oft steht von diesen Prunk- und Herrschaftsbauten nicht einmal mehr die Grundmauer, doch bleibt die Ursprungsstelle auf immer verwüstet.

So läßt 1564/65 ein Graf von Schwarzburg Kreuzgang, Nordturm und Klausur in Paulinzella niederwerfen, um ein preiswertes, weil mit geringer Mühe gewonnenes Material für sein Gehrener Schloß zu beschaffen. Wenig von diesem Bauwerk, jedoch das Pergament ist erhalten, auf dem das Entgelt für den Abriß und den damit verbundenen Umtrunk verzeichnet steht.

Ohne Ehrfurcht, ja ohne Rücksicht vernichtete ein selbstbewußtes Zeitalter das bedeutende Werk eines früheren Jahrhunderts. Repräsentation und Annehmlichkeit durch ein mit Fleiß im Zeitgeschmack errichtetes Gebäude gelten höher als ein seiner sakralen Würde beraubtes, künstlerisch unvergleichliches Münster.

Aber vielleicht ist eine solche Fehlschätzung weniger einem dürftigen Kunst-, als dem mangelnden Vergangenheitssinn geschuldet.

Zwar hatte die Renaissance den Blick für die Antike geöffnet, jedoch einzig für diese. Denn das Hochmittelalter stieß sie in eine grobe Vergessenheit. Das mindernde Beiwort »finster« kommt auf, obgleich kein anderer Kunstsinn sich einer gleichen Farbfreude rühmen darf.

Das selbstsichere, nichts neben sich duldende Barock zieht herauf. Es ruiniert um 1680 die seit 1620 zu Teilen restaurierte Klosterkirche aufs neue, legt den Ostteil der Kirche nieder und errichtet aus dessen

Steinen eine Kapelle in der einstigen Vorkirche.

Erst die Romantik hebt das Vergangene zu neuer Würde empor und weitet den Horizont, in dessen früherer Enge sich jedes Zeitalter nur selbst kannte. Erst sie hat uns einen wachen Geschichtssinn gegeben, der bis heute fortwirkt und jede Generation ermutigt, das Überlieferte nach ihrem Verständnis zu deuten.

Die Vorliebe der Romantiker für Ruine und Fragment ist keineswegs alleinige Frucht ihres schwächeren Eigensinns und des täuschenden Bestrebens, was verfallen ist, für ehrwürdig zu halten: sie entspricht ihrer unendlichen Sehnsucht, dem antiklassizistischen Verständnis, daß nichts von einem Künstler Ausgeführte die Vollkommenheit des mehr erahnten als vorgestellten Bildes erreicht.

Doch diese scheinbar an Traum, Ahnung und Phantasie verlorene Zeitströmung erschloß Quellen, sammelte Verstreutes und verstümmelt Überliefertes, fand Verschollenes wieder und schützte Ruinen vor Beraubung, mutwilliger Zerstörung und natürlicher Minderung. Für uns, welche die Romantiker auf ihre Weise sehen lehrten, gewann das in Trümmer Gefallene, jedoch in seinen Hauptkonturen Erhaltene höchste Bedeutsamkeit: nicht mehr in der Illusion eines Einheitlichen, Ganzen, das ohnehin zerfiel, als Liturgie und umbauter Raum, Geist und Gestalt, Zeichen und Verständnis sich entzweiten, vielmehr als Kunstwerk, Symbol einer verlorenen Einheit und Zeuge der Vergänglichkeit.

Es beflügelt die Vorstellungskraft, kommt unserem Zeitverständnis und -zweifel entgegen, weckt Trauer und steht dem Erhabenen oftmals näher als ein hinter den ursprünglichen Entwürfen zurückbleibender, von anderswollenden Nachfolgern gleichmütig zu Ende geführter Bau.

Kapitel 2

In den dicht besiedelten Gegenden Deutschlands hält sich ein Kirchspiel durch die Jahrhunderte nicht leicht in seinen ursprünglichen Grenzen. Marktflecken wachsen zu Städten, Dörfer breiten sich aus, Weiler werden ansehnlich und suchen ein eigenes Recht. Am Rande von Stadtkernen gegründete Klöster rücken in deren Zentren und finden sich von einem Ring bedeutender säkularer Gebäude umschlossen, die zuweilen das Auge durch ihre disparate Vielheit befremden.

Paulinzella aber, auf den Talkreis beschränkt, den der Heckenhainbach aus dem Rottenbachtal schneidet, ertrug den Widerstreit zwischen Wachstumswille, Beharrungsvermögen und Selbstvergessenheit. Weder gab es sich auf – an Wüstungen fehlt es im Umkreis nicht – noch überstrebte es seine natürlichen Quellen und Kräfte. Selbst den um die Stiftskirche entstehenden Freiraum füllte es nicht, legte den Waldgrund an den Königseer Forsten nicht nieder und trieb seine Häuser nicht die steilen Lehnen hinan. Unberührt von der Ansehensminderung, die es durch Aufhebung des Klosters erfuhr, unverführt durch die ihm von der Romantik verliehene Aura, blieb es, was es gewesen war, und weckt, nahe der Wasserscheide von Schwarza und Ilm und fern aller bedeutender Zentren gelegen, noch heute die Illusion, es sei aus dem Zeitalter Paulinas unverwandelt auf uns gekommen.

So formstreng sich die durch Verfall und mutwillige Minderung von Farbe und Zierrat entreicherte Klosterruine erhebt, so schützend umwacht sie das Dorf, so anmutig bettet sie sich in den Talgrund. Fänden wir Klausur und Kloster unzerstört, wir täuschten uns leicht über den Fortschritt der Zeiten.

Gleichgültig, ob wir uns von der Hochfläche oder der tieferen Bachaue her

nähern: Die Bergsporne laufen, sich verfehlend, gegeneinander, die Talsenke weitet sich und gibt der kleinen, nahe der Straße liegenden Ansiedlung Raum.
Eine Wiesenlichtung, unbekümmert um die drängende Enge der Häuser und Gärten, nimmt die Stiftskirche und das angrenzende Forsthaus auf und dringt bis zur Grenze des Zinsbodens vor. Auf dessen steinernen, mit romanischen Fensterbögen geschmückten Untermauern erhebt sich ein Fachwerk. Blaufichten umglimmen den schöngemauerten stiftskirchenalten Stein. Das gefleckte, kunstvoll geflickte Dach führt durch die Jahrhunderte. Bald grenzt ein tieferes von Staub und Schatten gedunkeltes Rot an zeitgebleichte Ziegelfelder, bald gleitet über gezackte Linien ein Hellrot, das die frischgedeckten Dorfdächer wiederholen.
Hinter dem Fachwerk geleiten Schwarzerlen mit dunkler Gelassenheit den Bach am Dorfrand vorüber. Linden schirmen begütigend das Jagdschloß mit seinen Renaissancegiebeln und schönen Portalen. Eine Eiche gesellt sich zu ihnen und ein in ferner Gegend heimischer Schwarzwalnußbaum. Die Hainbuchenhecke zwischen Nordschiff und Bachaue ist sorgsam verschnitten. Nirgends blieb eine Spur der Verwilderung, die so viele Jahrhunderte in diesem Kerbtal gebot.
Eine befremdliche Stille breitet sich aus und wird so groß, daß wir hören, wie Wasser die kargen Gefällstufen hinabeilt. Dann wieder rollt droben auf der Straße ein größerer Lastwagen vorüber: Mahner einer unwilligen Wirklichkeit.
Das Kloster, wie die Gründungen der Zisterzienser in den tiefsten Talgrund gebaut, meidet die fernhin weisende, blickbeherrschende Höhe. »Es mag die Stadt, die auf einem Berg liegt, nicht verborgen sein.« Was Licht der Welt ist, sollte es nicht weiterhin leuchten? Aber äußeren Glanz schätzte Paulinzella nie.

Geborgen in sich selbst und verborgen vor eiligem Fortschritt wie zeitlärmender Geschäftigkeit, wirkte es dennoch hinaus in die Welt.
Es ist, als sei diese Wirksamkeit nicht erloschen, als leuchte ihr stilles, kaum sichtbares Licht bis heute fort.

Aus welcher Tiefe schimmert das Grün, das neben den Trümmern wächst und sich in sanften Stufungen über Wiese und Straßenhang hinauf zum Laub der Alleelinden hebt!
Vom Talgrund gekräftigt, bleibt es lebendig zu jeder Jahreszeit, selbst im Spätwinter, der die Bergwiesen verdorren läßt, selbst im Hochsommer, der sie verbrennt. Als einzige der vier liturgischen Farben floh es den aufgegebenen sakralen Raum nicht und schmückt mit seinen Paramenten die auf immer festlose Zeit.
Der Verfall legt, sofern eine spätere Generation der Zerstörung Einhalt gebietet, die verborgensten Linien frei. Er hebt die zu Stein gewordenen Strukturen hervor, öffnet in der einströmenden Helle Perspektiven, die sich im Halbdunkel der vollendeten Kirchen nicht bieten. Unabweislich verbindet sich die Empfindung einer auf Steinquader gegründeten Dauer mit dem Gefühl der Vergänglichkeit.
Obwohl nur noch eine steinerne Umrandung im geschotterten Boden das nördliche Seitenschiff andeutet, obwohl, wer aus dem Schutz der ersten Pfeiler strebt, gewissermaßen ins Freie tritt, obwohl der Himmel ungehindert in das Hauptschiff hinableuchtet, glaubt sich, wer in der weitläufigen Vorkirche steht, nicht in einem offenen, unfertigen oder durch die Zeit und Menschenhand zum Torso geminderten Raum.
Ihm ist, als folge das, was vom Ursprünglichen bewahrt und an unauffälligen Stellen ergänzt worden ist, einem von Anfang an entworfenen Plan, ja einem

Kapitel 3

eigenen Gesetz, welches das Vollendete aufhebt oder verschleiert.

Diesen Eindruck gewinnt er vor dem bis zu den Arkadenfenster reichenden, das Mittelschiff in seiner gesamten Breite sowohl schließenden wie öffnenden Portal. Je vier frei vor dem stark rückspringenden Gewände stehende Säulen tragen die vielfach gegliederten Rundbögen. Steingesichter, Tier- und Fabelwesen, das Unheil abweisend, schauen von den Kapitellen herab. Zwar die Zeichnung im Bogenfeld ist fast erloschen, sonst aber trägt das Portal kein Zeichen der Zerstörung oder der Vernachlässigung. Selbst unverletzt, weist es auf ein Unzerstörtes und Unzerstörbares, von dem es selbst Symbol und Andeutung bleibt.

Die Fotografien von Jürgen Pietsch suchen nicht nach der Farbe, die schon lange vor Aufhebung des Klosters erloschen war. Sie wieder heraufzurufen befähigen uns weder Kenntnis noch Phantasie.

Wie verwandt wir uns auch dem Geist der Romanik fühlen mögen, so liegt zwischen uns und ihr doch die Sinnentfremdung eines Jahrtausend, über das hinweg zwar ein Zwiegespräch, aber keine Einfühlung möglich scheint.

Nicht nur unser Geist wird so zu einer Deutung gezwungen, die immer auch Selbstdeutung ist, auch das Auge folgt diesem Weg. Seine Art zu blicken, gibt dem Gesehenen Sinn, fügt es in gleichem Maße unserem inneren Bild ein, wie es dieses durch das Geschaute gestaltet.

Was die Stiftskirche im Ort Paulinzella und in dessen Talgrund bedeutet, ist nicht Gegenstand der Fotografien, obgleich es in ihnen unverschwiegen und gegenwärtig bleibt. Nur auf die Kirche selbst, ohne Zierrat und ohne spätere, wenn auch noch so bemerkenswerte Zubauten, fällt der Blick.

Er läßt erkennen, wie auch das bis auf wenige Mauerzüge Verfallene seine eigene Sprache kennt. Das selbst die aus starrstem Stein gefügten Gewände beseelt sind, davon sprechen diese Fotografien. Lichtlinien heben Portal und Basilika aufs Eindringlichste hervor. Die für einen Augenblick festgehaltenen wandernden Wolkenschatten tiefen den Stein.

Die fortschreitende Tageszeit verwandelt Lichthöfe in Dämmerhallen. Zuweilen scheint uns die Giebelwand in widerleuchtender Helle entgegen, zuweilen wird sie in ein lichtabgewandtes Düster getaucht. Der Säulen- und Mauerschatten deutet die eigene Struktur und wiederholt in seinem Fortschreiten den Gang der Jahre und Zeiten.

Immer wieder öffnen sich Blicke auf Säulenreihen, Arkaden, Fensterbögen, Baumkronen in den offenen Mauerhöhlen, auf die Wiese am Südhang, die Linden am Ostchor. Und immer wieder scheint uns beides gleich nah: das Erhabene einer vollendeten, in sich ruhenden Form und die Menschennähe in dieser scheinbar abweisenden Strenge. Was einzig zum Ruhme Gottes erbaut wurde, wird uns vertraut. Es führt uns durch Portal und Pfeilergänge zu einem Offenbaren und dennoch Verborgenen, uns, die wir geladen sind.

Kloster Paulinzella – Zeittafel

1102 … 1105	Gründung eines Benediktiner Doppelklosters durch Paulina und Beginn der Bauarbeiten
1106	Bestätigung der Gründung durch den Papst
1107	Hinwendung zur Hirsauer Reform Paulina gewinnt Gerung aus Hirsau als Abt und Bauherrn für Paulinzella
1107	Tod Paulinas
1114	Bestätigung der Klostergründung durch Kaiser Heinrich V.
1119	Gerung holt Udalrich und seine Gruppe von Steinmetzen nach Paulinzella
1122/23	Überführung der Gebeine Paulinas in die Stiftskirche
1124	Weihe der Kirche
nach 1124	Bau der Vorkirche und Vollendung der Türme
1542	die letzten Mönche verlassen nach dessen Aufhebung das Kloster
1564/65	Klostergebäude werden niedergeworfen und als »Steinbruch« für das Gehrener Schloß des Grafen von Schwarzburg genutzt
seit 1622	Restaurierungsarbeiten an der Kirche
1679/80	Zerstörung des Chors der Kirche und Bau einer Schloßkapelle im südlichen Seitenschiff der Vorkirche aus dem gewonnenen Gestein
1806	Abbruch der Schloßkapelle

Kloster Paulinzella – Katalog der Ausstellungen – Ilmenau,
Meiningen, Weimar und Rudolstadt
Mit freundlicher Unterstützung der Stadt Ilmenau

Fotografien: Jürgen M. Pietsch, Spröda
Buchgestaltung: Ulrike Weißgerber, Leipzig
Lithos: bildpunkt GmbH, Berlin
Druck: Messedruck Leipzig GmbH
Buchbinderei: Kunst- und Verlagsbuchbinderei Leipzig GmbH
Gedruckt auf Phoenix Imperial holzfrei halbmatt naturweiß,
Papierfabrik Scheufelen

ISBN 3-00-004050-1

Die Deutsche Bibliothek-CIP-Einheitsaufnahme
Kloster Paulinzella, Fotogr. Jürgen M. Pietsch. Essay Uwe
Grüning. – Spröda: Pietsch, Ed. Schwarz-Weiss, 1999
ISBN 3-00-004050-1

Das Werk einschließlich aller seiner Teile ist urheberrechtlich
geschützt. Eine Verwendung außerhalb der engen Grenzen des
Urheberrechtsgesetzes ist ohne Zustimmung der Edition
unzulässig.

Kloster Paulinzella ist eine Liegenschaft der Stiftung Thüringer
Schlösser und Gärten.

Jürgen Maria Pietsch
Fotograf

EDITION SCHWARZ WEISS

Im Alten Pfarrhaus
04509 Spröda